JUMP COMICS

I"s

アイズ

⑦

（スパンク）

桂正和

STUDIO K2R

I"s

アイズ

⑦：スパンク

CONTENTS

第《だい》55話《わ》 イン・ザ・ダーク

ダ・ダメだ
みんな完全《かんぜん》に
イッちまってる
ドキ
ドキ
王様《おうさま》ゲーム
という
常識《じょうしき》もブッ飛《と》ぶ
夢《ゆめ》の世界《せかい》に
なにやってんのよ!
早《はや》く脱《ぬ》ぎなさい!!
きゃっ
ぐいっ
!!
おあっ!!!
ヌード!
ヌード!!
ヌード!!!
ピクピク
ヌード
ヌード
ヌード
ぷる
ぷる

テメーら目《め》を醒《さ》ませ!!! たかがゲームで裸《はだか》になれるか!!
まーた拒否《きょひ》する気《き》ィ? ビビりまくりじゃん
男《おとこ》のくせに度胸《どきょう》ねーヤツゥ
だまれ!! オメーだって脱《ぬ》げねーくせにエラソーに言《い》うんじゃねー!!
アレ!? なめてる!? なめてるよねェ!!
あったまきた!! テメェみてェなフヌケといっしょにすんじゃねーよ!!
なにを!!

ヌードがこわくて
ガバ
ぶるるん
王様《おうさま》ゲームできるか!!
!!!
なにやってんのよナミ!
頭冷《あたまひや》して!!
これじゃあ男子《だんし》の思《おも》うツボよ!!!
パーン
パーン
パーン
…………
パチクリ
そーか…よく考《かんが》えたら男子《だんし》たちの前《まえ》で脱《ぬ》ぐのはマズイよね
……
でしょーでしょー
ヤッパァ……変《へん》にハマってたわ

ん〜〜〜………
そーね…ちょっと調子《ちょうし》にのりすぎたか…
ん？
いいわ 全裸《ぜんら》ってのはナシにしてあげる
お？ よしよし 目《め》を醒《さ》ましてくれたか
ゴメンねー あたしたち ちょっと変《へん》だったわ
コイツらも ナミの胸《むね》で 満足《まんぞく》したみたいだし…助《たす》かった………
ニコニコ
まっ しょーがねーか
よかったね
どうなるかと思《おも》っちゃった…
それじゃあ さっさと やっちゃおー…
キース
キース キース
キース
キース
キース
キース
キース
キース
ん

レ・しまった
キ・キスは
けつきょく
するんじゃ
ないか!!
ドキ
カァァァァ
ドキ
しかも
ベッドの中《なか》で
抱《だ》き合《あ》つて
………
ドキ
ハッ
キース
キース
キース
キース
早《はや》くベッドに!!
みんなが見《み》えるように
頭《あたま》はこっち向《む》きで
どろろろろ
しかもコイツら
ぜんぜん
目《め》が醒《さ》めてねー!!
〝王様《おうさま》ゲーム〟の
世界《せかい》にドップリだ!!
すっ
ーって!
キミまで!!!
もうダメだ…
逃《に》げられん
やるしか
ねーのか
キス!
キス!
キス!
キス!
キス
ドキドキ
ドキドキ

ホントにキス…するのか？オレ……なんか現実感《げんじつかん》ねーなー
ドキ ドキ
ドキ ドキ
ゴツ
おーいおまえらキスだけにしとけよー
ヒュー ヒュー
うるさいよもォー!!
ドキ ドキ
ドキ ドキ
ドキ
うわ……この状況《じょうきょう》ですぐとなりから伊織《いおり》ちゃんの声《こえ》が聞《き》こえてくるとなんか…やっぱ……
なにやってんのよ早《はや》く向《む》かい合《あ》いなさいよ!!
うぐ……
伊織《いおり》ちゃんの顔《かお》……まともに見《み》れるかな…
ぐぐぐ
ちら

ゲッ!
目《め》が合《あ》っちつた やっぱダメだ 直視《ちょくし》できねェ………
キスどころじゃねーよ… 目《め》のやり場《ば》にさえ 困《こま》る…
!
谷間《たにま》 谷間《たにま》…… 胸《むね》の谷間《たにま》!!
カァァァァァ
海《うみ》の時《とき》より 修学旅行《しゅうがくりょこう》の時《とき》より この距離《きょり》! この明《あか》るさ!! 鮮明《せんめい》なハダの色《いろ》が 生々《なまなま》しくて…!!!
ドキドキドキドキドキドキド

うおお！今《いま》のでキカンボウがおめざめだア!!あくびしてるゥ
ズッキン
ズッキン
ピクピク
ズッキン
下《した》はタオル一枚《まい》だからあばれだしたら注目度《ちゅうもくど》No.1《ナンバーワン》だゾオ〜〜〜!!!
ハイ……それからどーすんだっけ？
ギクッ
う
アラ？
え？
ギクギク
あ〜〜〜瀬戸《せと》ォ〜〜ふくらんでるゥ〜〜〜
マジィ〜!?やる気《き》満々《まんまん》じゃーん
キャ〜
GO《ゴー》!GO《ゴー》!
う〜〜〜
え〜〜〜〜っ
ち・違《ちげ》ーよ！シワだよ シワ!!
ウソだけど信《しん》じてくれ!!伊織《いおり》ちゃん！
ドキドキ
ドキドキ
シワねェ……伊織《いおり》！触《さわ》って確認《かくにん》しな!!
ゲッ!!
バカ！

瀬戸《せと》くんは そんな人《ひと》じゃ ないよ! ね!
瀬戸《せと》くん!
そんな人《ひと》です……
男《おとこ》をわかっちゃ いねーなァ伊織《いおり》は
まっいいわ とりあえず サッサと 抱《だ》き合《あ》い なさい
どわー 憶《おぼ》えて ましたか ……
あ〜〜オレよォ ね・寝《ね》たまま ど・どーやって 抱《だ》いたらいいか わ・わかんねーんだ
ハハッ
そんな 経験《けいけん》ないし
ああ…… バカなこと 言《い》ってんゾォ
伊織《いおり》が体《からだ》を上《あ》げて その下《した》から 瀬戸《せと》が手《て》を回《まわ》す!
そ・れ・だ・け
だ…だってサ
カ…… カンタンじゃん!
おし! 葦月《よしづき》!! 体《からだ》…上《あ》げろよ!
う〜〜〜っ 完全《かんぜん》にパニクリ状態《じょうたい》! 言葉《ことば》が勝手《かって》に 口《くち》から出《で》てくるゥ!!
テメエで テメエを 追《お》い込《こ》んでりゃ 世話《せわ》ねーゼ! トホホ……

くそ……
完全《かんぜん》に流《なが》れに
のせられてる……
……
くい…
ドキドキドキドキ
もう
なんだか自分《じぶん》が
なにやってんのか
わかんなく
なつて来《き》た…
伊織《いおり》ちゃんと
いつしょに
ベッドの中《なか》で
寝《ね》そべって…
伊織《いおり》ちゃんの
体《からだ》に手《て》を回《まわ》し
両腕《りょうで》に抱《だ》こう
としてる
なんて……
ズズズ
夢《ゆめ》を
見《み》てるのか
いつもの妄想《もうそう》
なのか……
そのくらいに
……
ぐっ…
あ……
まだ回《まわ》し
きつてないのに
……
!
ドキドキ
でも
おかげで
すこし距離《きょり》を
保《たも》つコトが
できるか…

瀬戸《せと》くん 頭《あたま》上《あ》げて
え？
な…… なに？
え!?
ス…
伊織《いおり》ちゃん…
カァァァァァ
伊織《いおり》は ものわかり いいねェ
ドキ ドキ ドキ ドキ
マ・マジで するの!? ちょっと 待《ま》ってくれ 心《こころ》の準備《じゅんび》が!!!

ドックン
心臓《しんぞう》がバクハツしそーだ!!
ドックン
顔《かお》が焼《や》けるようにアツイ!!
ドックン
キッス!
キッス!
キッス!
キッス!
キッス!
ダメだ
伊織《いおり》ちゃん…
オレ…完全《かんぜん》にのせられてる
キッス!
キスしたくてたまらなくなってる……
夢《ゆめ》だったから!
一生《いっしょう》ありえないと思《おも》ってたから!!
でもキミは…
キッス!
みんながシラけないようにムリにこうしてるんだよね……
なのに…オレは……
キッス!
キッス!

ぐっ
え？
ぐぐっ
ドックン
ドックン

もう
限界《げんかい》だ
入《はい》る力《ちから》を
止《と》められない
伊織《いおり》ちゃんの
柔《やわ》らかい胸《むね》……
おしりに
むかう腰《こし》の
曲線《きょくせん》……

そしてなにより
はァ
はァ
はァ
はァ
はァ
オレの大好《だいす》きな伊織《いおり》ちゃんのにおいが……
せつなさを痛《いた》いくらいに膨張《ぼうちょう》させるから
ドッ
ドッ
ドッ
ドッ
ドッ
ドッ
のどの奥《おく》に苦《くる》しい想《おも》いがギュンギュンとくり返《かえ》しこみ上《あ》げて来《く》るんだ…
ごめんね伊織《いおり》ちゃん……
オレもう……

ブツッ
うわっ! なんだ!? 停電《ていでん》かァ!?
ザワ ザワ
ビクッ
うそォ 電気《でんき》 この部屋《へや》しか 使《つか》ってないのに!
ハッ!?
ザワ ザワ
イテッ! まっ暗《くら》で なんも見《み》えねーよ なんとかしろよナミ!!
ちょ・ちょっと 待《ま》ってよ!
ザワ ザワ ザワ ザワ
え? え? どーいうコト? どーなってんだ?
アレ? ひょっとして オレまだ キスしてない?……ふう…よかった
伊織《いおり》ちゃんに イヤな想《おも》いさせ……

第《だい》56話《わ》 リアクション

どこまでが
現実《げんじつ》か……
すこし
自信《じしん》がない

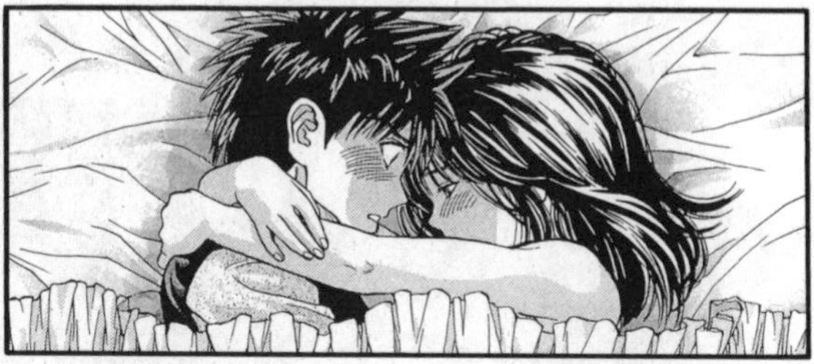

伊織《いおり》ちゃんが
首《くび》に腕《うで》を
回《まわ》してきて

その距離《きょり》
その温《ぬく》もり……

オレは今《いま》まで
感《かん》じたことのない
激《はげ》しい興奮《こうふん》に
襲《おそ》われ……

頭《あたま》の中《なか》が
まっ白《しろ》に
なったんだ

伊織《いおり》ちゃんが
イヤがると
思《おも》っても
もう
オレはダメで
ヤバイくらい
強《つよ》く抱《だ》きしめる
腕《うで》……
はずかしい
くらい
押《お》しつける
体《からだ》……
ためらいなく
まさぐる
手《て》……
完全《かんぜん》な
暴走《ぼうそう》……
それを
止《と》めたのは
停電《ていでん》の騒《さわ》ぎ
だった……

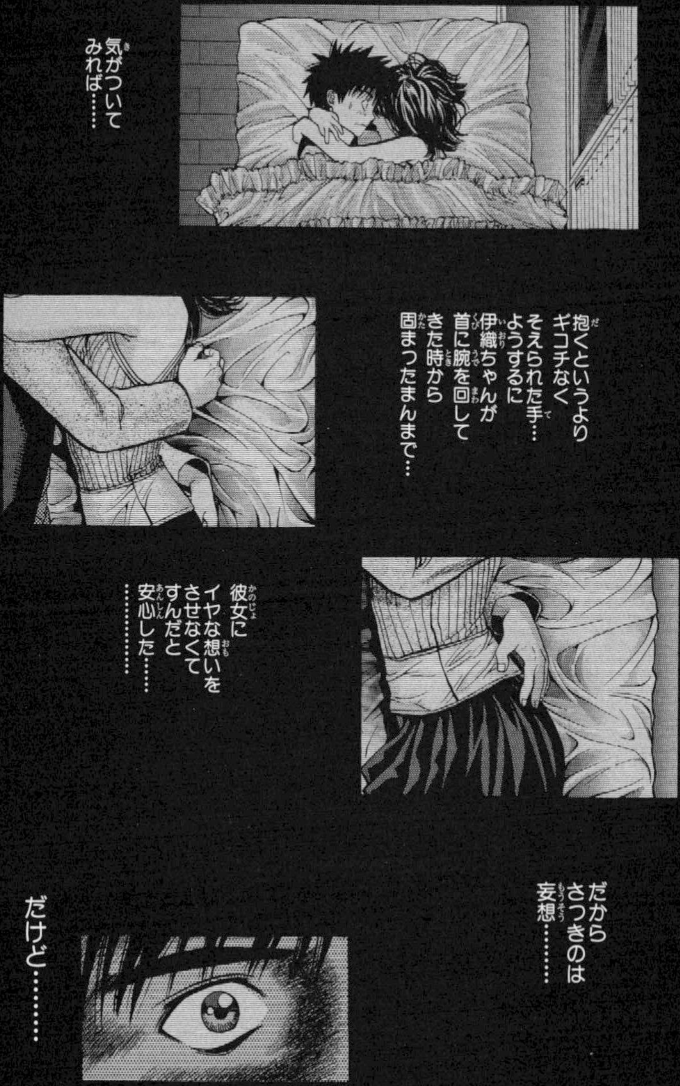
気《き》がついてみれば……
抱《だ》くというよりギコチなくそえられた手《て》…ようするに伊織《いおり》ちゃんが首《くび》に腕《うで》を回《まわ》してきた時《とき》から固《かた》まったまんまで…
彼女《かのじょ》にイヤな想《おも》いをさせなくてすんだと安心《あんしん》した……
だからさつきのは妄想《もうそう》……
だけど……

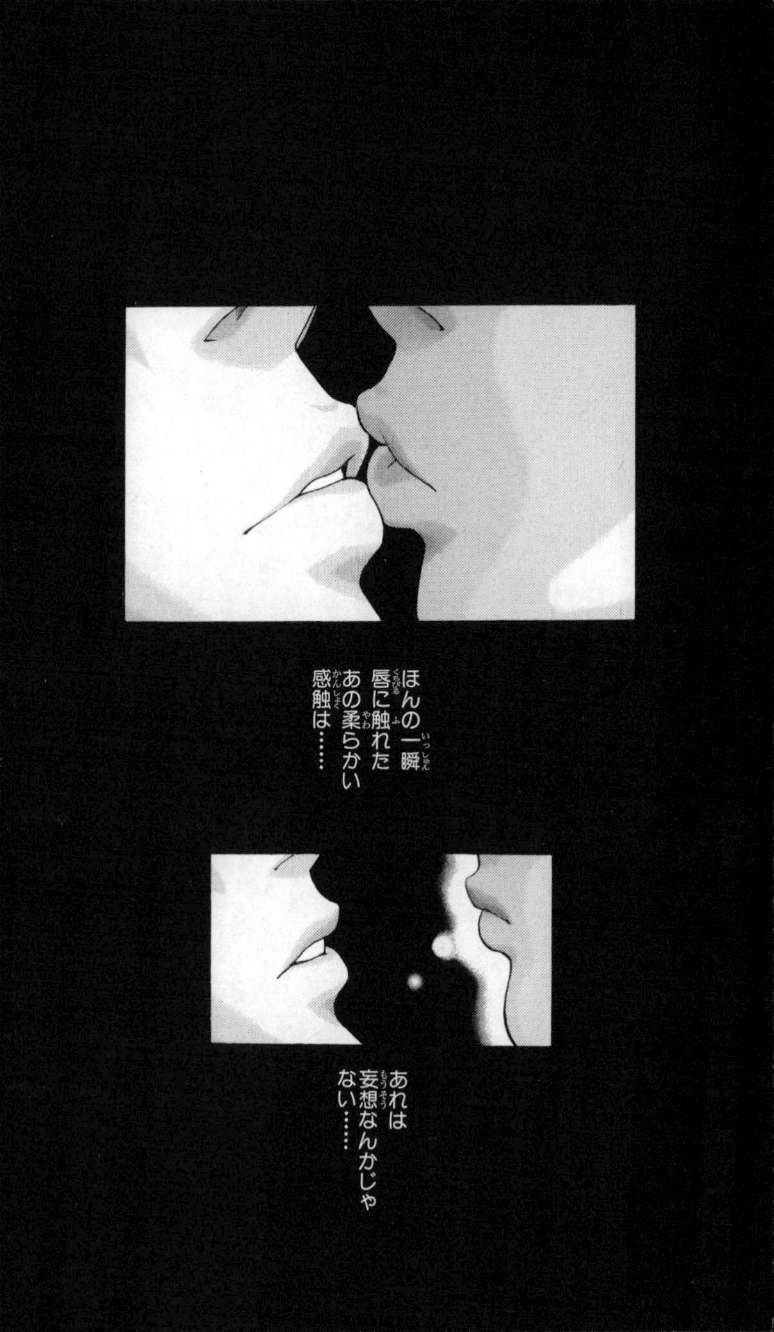
ほんの一瞬《いっしゅん》唇《くちびる》に触《ふ》れたあの柔《やわ》らかい感触《かんしょく》は……
あれは妄想《もうそう》なんかじゃない……

第《だい》56話《わ》　リアクション

瀬戸《せと》ォ
まだいるのォ
あーいたいた
なに やってんの ひとりで
え?……
もう寝《ね》よーよ 停電《ていでん》なおんないし
お・おう
今《いま》もまだ唇《くちびる》に あの感触《かんしょく》が 残《のこ》ってる ……まちがいない あのキスは 現実《げんじつ》だ!

ゴゴゴ
グゥゥ…
ドキドキドキ
あれはぜったい伊織《いおり》ちゃんの唇《くちびる》……
ドキ
ドキ
キュッ
柔《やわ》らかかったなァ…
ドキ
オレ…伊織《いおり》ちゃんとキスしたんだなァ…
ドキ
ドキ
ドキ
ドキ
ドキ
そーだよキスしたんだよ……
グフーッ!!

あれは伊織《いおり》ちゃんの意志《いし》？
ゲームだからしょうがないとかそーいうんじゃないとしたら……
ドキ
ドキ
ドキ

ドキ
ドキ
オレのことが好《す》きってコト??
ドキ
ドキ

うれしイー!!
超《チョー》うれしイー!!!
バタ
バタ
激《げき》うれしイー!!!!!
ムクッ
!
エヘ
エヘ
まる見《み》え
ムニャ
ムニャ
コテッ
ガー
ガー
メガネとってねろよ!
いや! 待《ま》て待《ま》て
そーカンタンに
決《き》めつけんのは
ヤバイ……
やっぱり
ゲームの
義務《ぎむ》で
したのかも…
いや でも
停電《ていでん》のさわぎで
ゲームもクソも
なくなってたもんな
停電《ていでん》のコトを
知《し》らなかった
なんてのは考《かんが》え
にくいし……
じゃあキスしたくて
したんだよな…

マジ!?
てゆーか
そう考《かんが》えるのが
一番自然《いちばんしぜん》だ!!
今《いま》まで何度《なんど》も
そーかなって
思《おも》つたけど…
今回《こんかい》はかなり
マジだぜエ!
ポワワワー
ドックン
ドックン
ドックン
ドックン
ドックン
ドックン
どーする
どーするよ!
伊織《いおり》ちゃんが
伊織《いおり》ちゃんが
オレのこと好《す》きだ
なんて!!!

う〜〜! ダメだ!!
コリャ寝《ね》らんねー!!!
いろんなコトが頭《あたま》ん中《なか》を駆《か》けめぐった
さつきの王様《おうさま》ゲームのことや
これからの伊織《いおり》ちゃんとのコトをシミュレーションしたり…とにかくいろんなコト………
時間《じかん》がまるで苦痛《くつう》じゃなくて気《き》がつけば
昼《ひる》の1時《じ》……
オレは一睡《いっすい》もしてない
でも元気《げんき》ガンガンさ!!

起《お》きろー！さわやかな昼《ひる》だゾー!!
ガンガン
ガンガン
う〜〜〜
ん〜〜〜
さーて次《つぎ》は女《おんな》ども行《い》くゾー
バッ
なんつってなこんなのは口実《こうじつ》だ早《はや》く伊織《いおり》ちゃんに会《あ》いたいから
きのうまでと違《ちが》うキミとオレのリアクションをたしかめたいから
おはよー葦月《よしづき》

ビクッ
そう…… 伊織《いおり》ちゃんなら きつと こんなカンジ
たっ
気《き》まずい あまりに ムシとか しちゃったり して
まてよ 葦月《よしづき》！ なんでムシ すんだよ！
ガッ

きのうは
あんなコトしちゃって
ゴメンネ…
あたし……
どうしようもなくて
……つい………
イヤだったでしょ?
ホントーに
ゴメンなさい

どうしてあやまるの？
オレ…スゲェ
うれしかったんだぜ
え？

だってオレ
キミのコト……
好《す》きなんだもん

瀬《せ》戸《と》くぅん
デヘヘヘ
なんつって
またここで
キスだァ♡
バタン
…
!
うわっ
伊《い》織《おり》ちゃん
いきなり
来《き》たかァ!!!

い・いざとなるとキンチョーすんなァー
ドキ
ドキ
ドキ
できればシミュレーションしたようなラブシーンに持《も》って行《い》くんだ！
それ考《かんが》えるともうちょっと心《こころ》の準備《じゅんび》してから会《あ》いたかったが……まあいい
よし！
かけるんだ！声《こえ》を!!行《い》け!!GO《ゴー》！GO《ゴー》！GO《ゴー》!!
よ…葦月《よしづき》！おはよー!!
カモーングッドリアクション!!
おおっいいねーやっぱりムシですかァ!!!
ドキ
ドキ
ドキ

くるっ
あ おはよ
スタ スタ スタ
え？……アレ？なんか変《へん》だゾ それで終《お》わり？ 軽《かる》くない？
まるで なんか……なにゴトも なかったよう…
ーーってウソォー!! ひょっとして キス…してねーの？ あれもオレの 妄想《もうそう》だったのかァ!!?
そんなワケ そんなワケ ねーーーよ!! で…でも!!!
ダラ ダラ ダラ ダラ ダラ ダラ

第《だい》57話《わ》　寺《てら》谷《たに》のシナリオ

たとえば恋人《こいびと》とかじゃなくて
キスなんかしたら
次《つぎ》の日《ひ》なんかフツーじゃいられないと思《おも》うんだけど……
たとえばすごくテレたり
たとえば意識《いしき》しすぎて無視《むし》しあったり…
だけど今朝《けさ》の伊織《いおり》ちゃんの
あの反応《はんのう》は……

するほど自然《しぜん》で……

あ
おはよ
これはどーいうコトなんだ!?

絶対《ぜったい》ヘンだよ
なぜ
あんな平然《へいぜん》と
……ひょっとして
あんなキス
なれっコなのか？
バカな
伊織《いおり》ちゃんが
そんなハズは…
じゃあやっぱり
妄想《もうそう》だったの
か？……
イヤ！それも
絶対《ぜったい》ない!!
あれはまちがい
ないんだ!!!

ハッ
まてよ……
伊織《いおり》ちゃん
アレ起《お》きた
ばっかだったろ？
ひょっとして
あの後《あと》……
あっ！しまった
思《おも》わずフツーに
お話《はな》ししちゃった！
はずかしー!!!
なんて
我《われ》に返《かえ》って
後悔《こうかい》したかも
しんねーじゃん
なんだァ
そーいう
コトかァ
きっと
そーだぜェ
一件落着《いっけんらくちゃく》
じゃー―ん
デへーーっ

もしもーし 聞《き》いてますゥ? 瀬戸《せと》さァ〜ん
!
お… おう
じゃっ そーいうコトで いいわね
そ…… そーだな
ドキ ドキ
な・なに?
では 発表《はっぴょう》します
ヤッベ〜〜〜! ボーッと してるうちに なんか 決《き》まってるゾ!!

脚本《きゃくほん》は寺谷《てらたに》さん
オウ！まかしとけ!! 感動巨編《かんどうきょへん》を書《か》きあげるぜ！
カメラ兼《けん》カントクはこのあたし！
イエ～イ ナミィ！ガンバレー!!
ナニ？
脚本《きゃくほん》ってナニ？カントクってナニ??
ーで・主演《しゅえん》の恋人役《こいびとやく》は
実行委員《じっこういいん》の瀬戸《せと》さんと葦月《よしづき》さんに決定《けってい》します！
！
そ・そんなのマズイよ！なァ葦月《よしづき》!!
パチ パチ ワー
パチ ワー
なに言《い》ってんのよ いいって言《い》ったじゃん

なんでェ？

ど・どういう
コトだア?
なんでそんなに
なんともない
カンジなの?
じゃあ
とりあえず
瀬戸《せと》と伊織《いおり》は
制服《せいふく》とって来《く》るー
やっぱり
あのキスは……
……
え――
めんどくせー
やめよう!
もう考《かんが》えるのは!!
考《かんが》えたって答《こた》え
出《で》ねーし答《こた》えも
出《だ》したくねーや
ただ
あの気配《けはい》と
あのぬくもりと
あの感触《かんしょく》は
夢《ゆめ》でもなんでも
ない……
それでもう
いいじゃん
オレの心《こころ》の中《なか》に
大切《たいせつ》にとって
おこう……
寺谷《てらたに》よ……
…たのむから
ヘンなシナリオに
しねーでくれよ

ぬはははは!!!
やっぱりオレは天《てん》才《さい》だな
ウソ！もうシナリオできたのか
トーゼン
みんなに発表《はっぴょう》する前《まえ》にオマエにだけコッソリ見《み》せてやろう極秘《ごくひ》だぞ
なにが極秘《ごくひ》じゃ
脚本 寺谷靖雅
……………
なにかイヤな予感《よかん》がする…

パラ
パラ
ニヤ
ニヤ
主人公《しゅじんこう》は湾田高《わんだこう》の
一年生《いちねんせい》 名前《なまえ》は
イオ太《た》とイチ子《こ》
……オレと
伊織《いおり》ちゃんの
名前《なまえ》を逆《ぎゃく》にした
だけだ……
パラ
パラ
パラ
パラ
パラ
パ
パ
ラ
イオ太《た》は
クラスメイトの
イチ子《こ》にひと目《め》ボレ
以来遠《いらいとお》くから
想《おも》いつづけるだけの
なさけない男《おとこ》
そんなイオ太《た》と
イチ子《こ》を通《とお》して
湾田高《わんだこう》の学園生活《がくえんせいかつ》が
いかに楽《たの》しいかが
書《か》かれてる……
……そして
ドキ
ドキ
ドキ
ドキ
ドキ
ラストはイチ子《こ》からの
愛《あい》の告白《こくはく》!
ふたりは両想《りょうおも》いだったコトを
知《し》り めでたしめでたし
な?
傑作《けっさく》だろ?

このイオ太《た》ってキャラ
オレのまんまやんけ!!
リアリティーを追究《ついきゅう》した結果《けっか》だ
これでオメエ!
伊織《いおり》ちゃんにオレの気持《きも》ち悟《さと》られたらどーすんだよ
別《べつ》にいいじゃん
そのほうが話《はな》早《はや》いだろ?
……………
オマエなァ
オレの友情《ゆうじょう》わかってくんねーかなァ
停電《ていでん》のせいでキスできなかったんだろ?
そのかわりにオイシイ想《おも》いさせてやろーとしてんじゃねーか
したんだよ!
キス!!
…あくまでオレ的《てき》にはだけど……
それにホレ
いずれはオメエも告白《こくはく》しなきゃなんねーんだ
リハーサルと思《おも》えばいいじゃん
ドキッ

いずれは……
告白《こくはく》!!
ドキ
ドキ
ドキ
ん?
ちょっと待《ま》て! このシナリオじゃあ女《おんな》の子《こ》から告白《こくはく》してんだゾ
なにがリハーサルだよ
フフフフフ
ニヤニヤ
?
スゲーな寺谷《てらたに》! いいじゃんコレ!!
だろ?
とくに このイオ太《た》ってキャラ みょーにリアルチックだよなァ
う〜む
ギクウ
みろ! みんな・なにかを感《かん》じとってんじゃねーか!!
オレはどーすりゃいいんだよ 変《へん》に地《じ》が出《で》てバレバレになっちまうんじゃねーのか!?
だく だく だく

じゃあ さっそく 撮影《さつえい》しよっか!!
なにィ!?
まて!まて!! まてェ〜イ!!!
ワシの脚本《きゃくほん》は そこに書《か》かれて いるコトが すべてでは ないのだァー!!!
ドキ
ドキ
ドキ
て・寺谷《てらたに》め! なにを たくらんでる!!
それを そのまんま やったんでは
あまりにも 芸《げい》がない……
そこで……
ニタァーッ

男《おとこ》の役《やく》を
葦月《よしづき》に
女《おんな》の役《やく》を
イチタカに
やってもらう!!
いいジャン
それ!
さえてんな
寺谷《てらたに》!!
わーわー
な……
なるほど…
そーいうコトか
……
おもしろそー
男《おとこ》の人《ひと》の役《やく》なんて
初《はじ》めてだァ…
わーわー
ようするに
オレは伊織《いおり》ちゃんに
想《おも》われるって
ワケだ……
たしかに
オイシイぜ寺谷《てらたに》
芝居《しばい》とはいえ
そんな状況《じょうきょう》!!
しかも 男女《だんじょ》
入《い》れ替《か》わったことで
主人公《しゅじんこう》の男《おとこ》と
オレがダブらない!
さすが寺谷《てらたに》!!
ん?…
まてよ…
てコトは…
……

告《こく》白《はく》するのはオレじゃん!!
リハーサルって……そーいうコトだったのかァ
役《やく》の上《うえ》とはいえとうとうオレ伊《い》織《おり》ちゃんに…伊《い》織《おり》ちゃんに…

伊織《いおり》ちゃんに……
うっぷ!
き・きもちわりイ～
伊織《いおり》ちゃんに……
オイだいじょ～ぶか瀬戸《せと》!
伊織《いおり》ちゃんに……
ちょっと…ひとりにさせ…
うえっ
イチ子
「クラスであな
好きです!
(イオ太す
「クラスであなたを見《み》かけた時《とき》からずっと……」
「好《す》きです つきあって下《くだ》さい」……
こんなセリフ……言《い》えねェよ…
トン トン
はい
ガチャ…
具合《ぐあい》…どお?
い伊織《いおり》ちゃん!
ドキッ

ゴメンね……
え?
あたし……
お芝居《しばい》好《す》きだから…
思《おも》わず賛成《さんせい》
しちゃったけど…
瀬戸《せと》くんはイヤだよね
恋人役《こいびとやく》なんて……
伊織《いおり》ちゃん
…………
ーってゆーか
……イヤとか
そーゆんじゃなくて…
芝居《しばい》とか
できるかなって
思《おも》って……
だいじょうぶよ
やってみたら
できるモンだって!
そーだ!
練習《れんしゅう》しよーよ
ふたりで!!
キミは……
この役《やく》を
どう思《おも》うの?
恋人役《こいびとやく》を
どう思《おも》ってるの?

よし じゃあ やろーぜ イチ子《こ》!!
あ… ああ…… じゃない エエ……♡
リハーサルか… 寺谷《てらたに》のシナリオみたいになる日《ひ》が来《く》るんだろうか……

第《だい》58話《わ》　イチ子《こ》の気《き》持《も》ち

誰《だれ》もいない
学校《がっこう》ってよォ
なんかワクワクすんな!
え〜〜〜なんか
怖《こえ》ーじゃん
誰《だれ》もいないってのはリアリティないけど…
まっ しょーがないか
なんとかごまかして撮《と》ろう
じゃあ瀬戸《せと》と伊織《いおり》は着替《きが》えて来《き》て!

じゃあ とりかえっこね
オレは クリーニング してないけど…… いいかな?
え? あたしも してないけど…
気《き》になる?
いや… オレは別《べつ》に…
あたしも ぜんぜん
クリーニングなんて どーだっていいでしょ さっさと着《き》替《が》えて 来《き》なさいよ
一貴《いちたか》ちょっと 待《ま》て

コレ持《も》ってけ！
ポイ
ボトッ
なにすんのコレで……
そのうちわかる
ニヤッ
わけわからんな寺谷《てらたに》はいつも…

伊織《いおり》ちゃんの制服《せいふく》
TELくれ

ドキ
この制服《せいふく》は……
ドキ
伊織《いおり》ちゃんの……
ドキ
伊織《いおり》ちゃんの素肌《すはだ》を包《つつ》みこんでるんだ……

はっ
今《いま》のオレ メチャメチャ ヘンタイちっく だぞ!!
イカン! イカン!! アホなコトは 考《かんが》えんな!!
サッサと 着替《きが》えて 戻《もど》らねーと 変《へん》なカン違《ちが》い されちまうぜ!!
ガサ
ガサ
ガサ
お…… トーゼンだけど 小《ちい》せェなァ……
しかし
このスカートって ヤツは
ヘンな感《かん》じだなァ ……

こんなスースーするモンよくはいて平気《へいき》だよなァ……
パンツはみだしてんな…
ぜんぜん落《お》ちつかねーぜ…
ん
ジージー……
グッ
グッ
うわ……しまんねーよ……伊織《いおり》ちゃんウエストやっぱ細《ほせ》ェやァ
ちらっ
さて…どーする？どー………
…………
kinrei Tape

どあっはっはっ
笑え！笑え！
フン……どーだ！このガムテがオシャレだろ？
ポイ
ホレ アンタにプレゼント！それでカンペキよ
………
オゲ〜〜〜
ここまで来《き》たら……
ねェ
キュル
うんうん

ほかに
ご用命《ようめい》は？
イケてるよ
瀬戸《せと》……
カワイイ…
なんか…
オレ……
ホレそうだぜ
ガラッ
おまたせー
ドキッ
遅《おせ》ーゾー
クソでも
してたのかァ？
違《ちが》うわよ！
ネクタイの
むすび方《かた》 ちょっと
忘《わす》れちゃったの！
やっぱ おっきィや
瀬戸《せと》くんの服《ふく》……
……ブカブカ
伊織《いおり》ちゃんが
オレの服《ふく》を
着《き》てる！
しかもカワイイ!!!

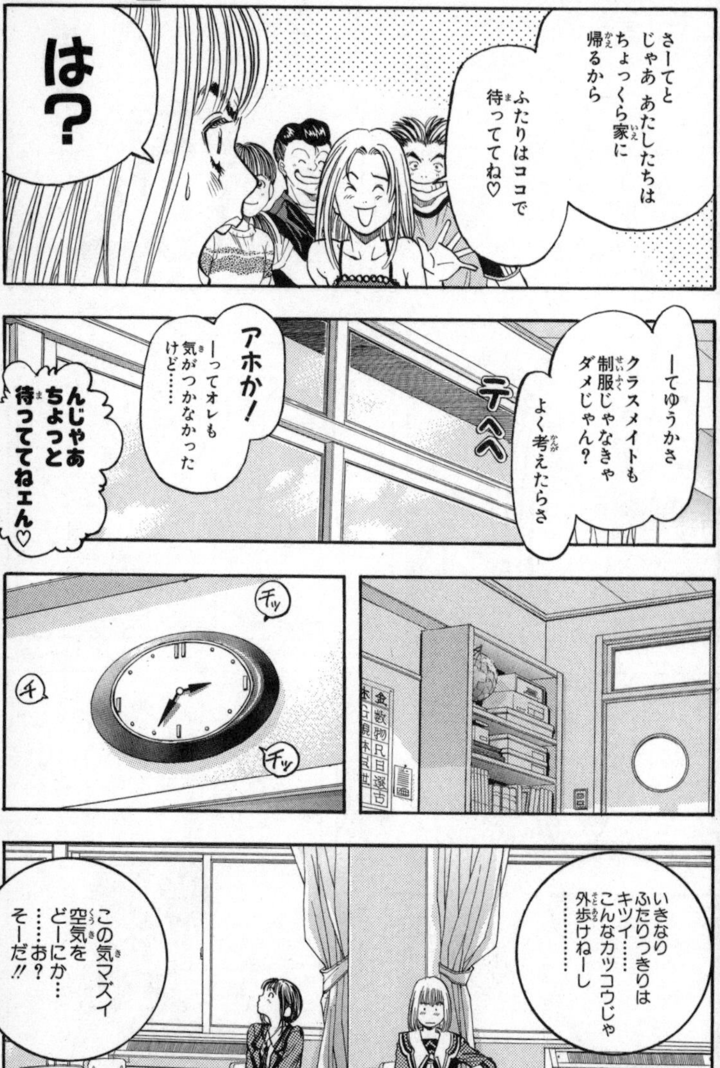
さーてと
じゃあ あたしたちは
ちょっくら家《いえ》に
帰《かえ》るから
ふたりはココで
待《ま》っててね♡
は？
ーてゆうかさ
クラスメイトも
制服《せいふく》じゃなきゃ
ダメじゃん？
よく考《かんが》えたらさ
テヘヘ
アホか！
ーってオレも
気《き》がつかなかった
けど……
んじゃあ
ちょっと
待《ま》っててねエん♡
チッ
チ
チッ
いきなり
ふたりっきりは
キツイ……
こんなカッコウじゃ
外歩《そとある》けねーし
……
この気《き》マズイ
空気《くうき》を
どーにか…
……お？
そーだ!!

練習《れんしゅう》しとこっか!
え?
おいいね
同《おな》じコト考《かんが》えてたゾ気《き》が合《あ》うなア……
いや……演劇部《えんげきぶ》の伊織《いおり》ちゃんに練習《れんしゅう》もないだろーに…気《き》を遣《つか》ってくれたのかな…
――て言《い》ってもォ…あたしたちがからむのってエ…
ラストのとこしかないのよねェ…
うわ! そーかやっぱやめよう!! できれば消《け》したいシーンなのにイ
じゃあ始《はじ》めるよ「ヒマそーにしてるイオ太《た》に意《い》を決《けつ》して声《こえ》をかけるイチ子《こ》…」
はいドーゾ
ドキッ
う
イ…イイオ太《た》くん
くそオ～ダメだア～もうあがってる…
だくだくだく

ク・クラスデ アナアナアナタヲ 見《み》カケタラ…
あ
ちょ… ちょっと 待《ま》って
あがってる カンジは すごいよく 出《で》てる
イヤ マジで あがってる んスけど…
でも…… 瀬戸《せと》くん 今《いま》 瀬戸《せと》くんは イチ子《こ》でしょ
こー考《かんが》えてみて 女《おんな》の子《こ》が告白《こくはく》する 時《とき》ってどんなかなって
女《おんな》の子《こ》が 告白《こくはく》する時《とき》ィ? た たとえば 伊織《いおり》ちゃんが誰《だれ》かに 告白《こくはく》するとしてエ…
うわっ 考《かんが》えたくない! わかんないよ そんなの!!
じゃあ ハイ!
ク…クラスで あなたを 見《み》かけた時《とき》から… ずっと好《す》き でした。
うん… さっきより 自然《しぜん》に なったね
おっ やったぜ! オレって のみこみ早《はや》い? 役者《やくしゃ》むき??
ただ…
ガクゥ
あ…はい まだダメ なんスね…

イチ子《こ》ちゃんにもっと気持《きも》ちを入《い》れてあげて
イチ子《こ》ちゃんの気持《きも》ち…心《こころ》……考《かんが》えてみて
誰《だれ》かを好《す》きって気持《きも》ち…
ピクッ
瀬戸《せと》くん……………
ドキッ
………
好《す》きな人《ひと》……いないの？
……は…

じゃあ そのへん考《かんが》えて やってみて
いるよ 目《め》の前《まえ》に
そーか もし オレだつたら つて考《かんが》えたら いいのか
誰《だれ》かを 好《す》きだつて 気持《きも》ちはみんな 変《か》わんない もんな
ドッ
ドッ
伊《い》織《おり》ちゃんに 言《い》うつもりで やつてみよう!
ドッ ドッ ドッ ドッ
そーだ しかも 今《いま》のオレは 一貴《いちたか》じゃない イチ子《こ》だ!
なんか 勇気《ゆうき》が 出《で》て来《き》たぞ
よォオレ!!
ドッドッドッドッドッ

クラスで……
クラスでキミを
見《み》てから……
ずっと……

ずっと……
ずっと好《す》きだった！

あ!!
ヤッベエ!! 今《いま》オレ自分《じぶん》の 言葉《ことば》で 言《い》っちまったゾ!
ドキ ドキ

練習《れんしゅう》とはいえ
伊織《いおり》ちゃんと
ふたりっきり
シナリオも
ちょうど
告白《こくはく》の場面《ばめん》で
オレは極度《きょくど》に
キンチョー
してた…
ドキ
ドキ ドキ
「好《す》きな人《ひと》を
思《おも》い浮《うか》べて言《い》えば
いい」伊織《いおり》ちゃんの
アドバイスで
その気《き》になったん
だが……
それを演技《えんぎ》として
セリフで言《い》うなんて
高度《こうど》なテクニックを
持《も》ちあわせている
ワケもなく
………

第《だい》59話《わ》 迫真《はくしん》の演技《えんぎ》

クラスで……
クラスでキミを見《み》てから
ずっと……

ずっと……
ずっと
好《す》きだった！
自分《じぶん》の言葉《ことば》を

第《だい》59話《わ》　迫真《はくしん》の演技《えんぎ》

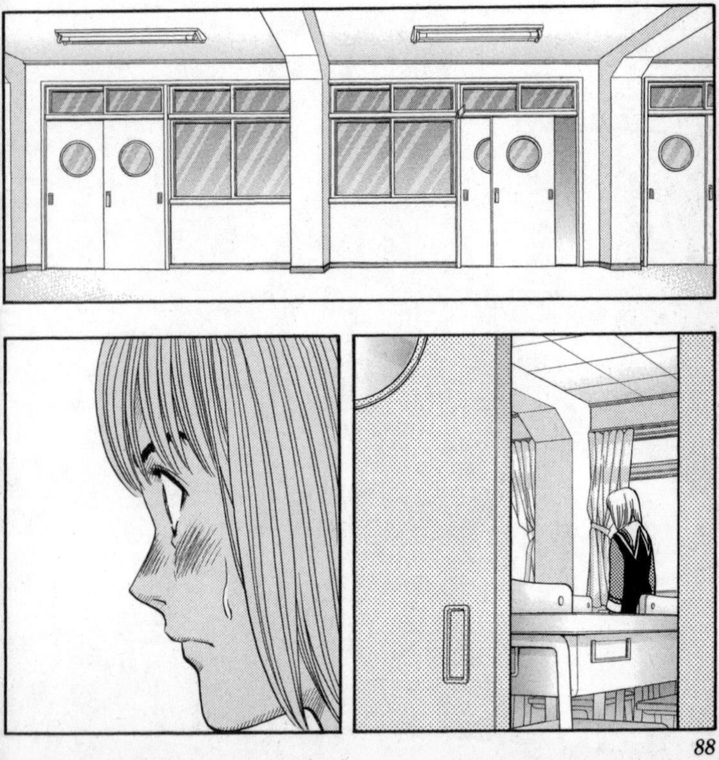

ドキ
ドキ
ヤッベェ～～ッ これじゃあ告白《こくはく》したようなモンじゃねーか！
ドキ
どさくさにまぎれて言《い》っちゃったってカンジだ!!
ドキ
伊織《いおり》ちゃんビックリしてカタマってるし！ もうダメだ!! こんなにあっけなくオレの運命《うんめい》が決《き》まっちまうなんて!!!
ドキ
ドキ
ドキ
ドキ
い……いや 待《ま》てよ？ まだ逃《に》げられるぞ
カンタンなコトさ 「あっ まちがえた 男言葉《おとこことば》で言《い》っちまった」でOK《オッケー》じゃん ふう…よしよし！

ドッ
あのキスを……信《しん》じるなら…このままでいいんじゃないのか?
ドッ
ドッ
偶然《ぐうぜん》の告白《こくはく》で勇気《ゆうき》のハードルを越《こ》えなくてすんだこのチャンスに
乗《の》ってしまえばいいんじゃないのか?
ドッ

ひょっとしたら……オレの告白《こくはく》を伊織《いおり》ちゃんは
待《ま》ってたんじゃないのか!?
ひょっとしたら……
これは……
シナリオのセリフじゃないんだよ……
オレの気持《きも》ちなんだ……
こんなカッコウじゃ……
なんかシマらないな……
──うれしい…

ずっと きらわれたと 思《おも》ってたから……
ありがとう…
!!
え?
まさか… ……そんな風《ふう》に 想《おも》われてたなんて ……
ありがとう って今《いま》……
ドキ ドキ ドキ ドキ ドキ ドキ
これは…… 想像《そうぞう》…の 中《なか》じゃない! い・伊織《いおり》ちゃん… そ・それって…

あたし……
も……
！…お…女言葉《おんなことば》!! 役《やく》の…イオ太《た》のセリフじゃない
て…コトは…コレ………伊織《いおり》ちゃんのコトバ？……

あたしも
ずっと……

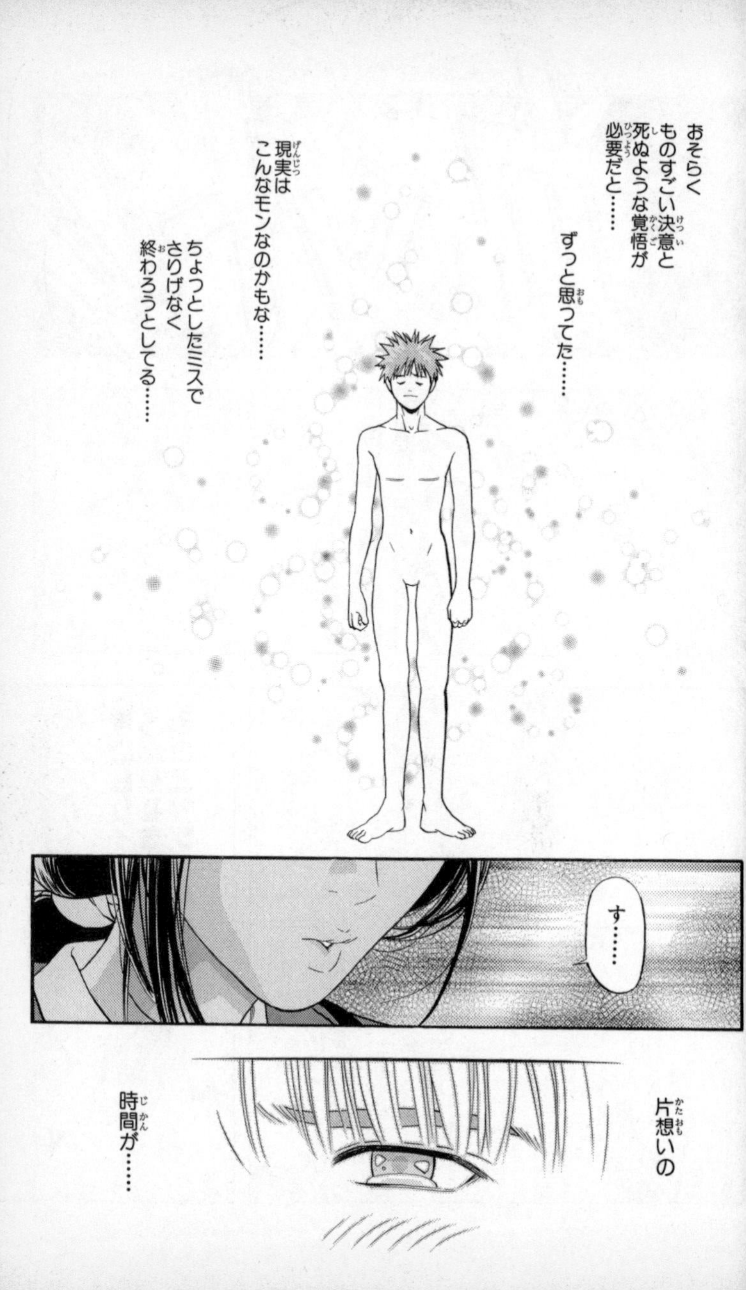
おそらく
ものすごい決意《けつい》と
死《し》ぬような覚悟《かくご》が
必要《ひつよう》だと……
ずっと思《おも》ってた……
現実《げんじつ》は
こんなモンなのかもな……
ちょっとしたミスで
さりげなく
終《お》わろうとしてる……
す……
片想《かたおも》いの
時間《じかん》が……

カぁット!!
すばらしィ!!
ふたりとも
みごとザンス!!!
ドキ
ドキ
ドキ
な…なんだよ!
どーいうコトだよ!!
ナミ!!!
ジャマすんなよ!!
コレは芝居《しばい》じゃ
ねーんだ!!!
計算通《けいさんどお》りだわ
あたしの作戦《さくせん》
ズバリ的中《てきちゅう》でしょ
ああ
………

カメラとか
意識《いしき》すると
瀬戸《せと》なんか
アガっちゃって
まともに演技《えんぎ》
できないと
思《おも》ったワケよ
制服《せいふく》
とりに行《い》くってのは
ウソでしたー
いや
しかしビックリ
だよ!
瀬戸《せと》があそこまで
できるなんて!
こっちまで
ドキドキ
しちまったよ
今《いま》のは
OK《オッケー》よ!
さっ じゃあ
次《つぎ》は伊織《いおり》の
アップで
さっきのセリフの
続《つづ》きから
寝《ね》ボケんなー!!
このバカどもー!!!
な・
なによ!
どこが今《いま》のが
OK《オッケー》じゃ!
言葉《ことば》づかいが
逆《ぎゃく》だろーが!!!
オレのシナリオ
がだいなしだ!!!
ヤツらの姿《すがた》を
よく見《み》ろ
ボケー!!
あ…

そーいえばそーじゃん伊織《いおり》ィ！アンタも自然《しぜん》にやってるから気《き》がつかなかったよォ
どーしたのよォ演劇《えんげき》やってるアンタがそんなまちがえたりしてェ！
フン……伊織《いおり》ちゃんはオレの告白《こくはく》に答《こた》えてたんだよ
え？ああ…ゴメンゴメンなっなんか瀬戸《せと》くんがすごい迫力《はくりょく》だったから引《ひ》っぱられちゃったみたい……
気《き》をつける気《き》をつける

そ・そんなァ
演技《えんぎ》だったの
伊織《いおり》ちゃん!!
高校《こうこう》の演劇部《えんげきぶ》の
域《いき》をこえてるよ!!
撮《と》りなおし
撮《と》りなおし!!
今《いま》のカンジで
たのむよォ!
迫真《はくしん》の
演技《えんぎ》に
完全《かんぜん》に
だまされた…
あれが……
演技《えんぎ》
だったなんて……
ホントに……
演技《えんぎ》だったの?
伊織《いおり》ちゃん…
オレのはトーゼン
演技《えんぎ》じゃなかった
ので2度《ど》と
あんなふうには
できずNG《エヌジー》
連発《れんぱつ》で……
カァ〜ット
ダメ!
ダメ!
気《き》がつけば
日《ひ》も暮《く》れて
しまい…今日《きょう》は
撮影《さつえい》を止《や》める
ことになった…

これからは撮影《さつえい》だけだから合宿《がっしゅく》はひとまず解散《かいさん》ね
あした朝《あさ》10時《じ》学校《がっこう》に集合《しゅうごう》ってコトで
OK《オッケー》!
瀬戸《せと》くん
ドキ
明日《あした》もガンバローね
ああ…
このふたりの距離《きょり》……今《いま》までと同《おな》じ空間《くうかん》……

無《な》くなったと思《おも》ったあの時《とき》が……もうなんかすげえ昔《むかし》のようだ……
でも……
オレ自信《じしん》ねーな…
あのキスもまぼろしなんじゃないかと思《おも》えてくる……
どおしてえ？練習《れんしゅう》の時《とき》の瀬戸《せと》くんすごくよかったじゃない
練習《れんしゅう》ね……
あたし……なんだか…
ドキドキしちゃったもん…
でも困《こま》ったことに
それでもただこうしてとなりにいるだけでオレは幸《しあわ》せな気分《きぶん》になるから……
ボクたちはずっと…このまま変《か》わらないのかもしれない…

あら
おかえり
ただいま
あ そうそう 一貴《いちたか》…
小《こ》包《づつみ》来《き》てるよ
台所《だいどころ》にあるから
!
ドキッ

小包《こづつみ》の中身《なかみ》は
無造作《むぞうさ》に入《はい》つた
ビデオテープ
だつた…
送《おく》り主《ぬし》
は…
よォ！
久《ひさ》しぶり!!
元気《げんき》？

第《だい》60話《わ》　落《お》ちるふたり

いつきから
小《こ》包《づつみ》が
とどいた…
その中身《なかみ》は
ビデオで
ザーッ
まさか……

よォ
久《ひさ》しぶり!
いつき本人《ほんにん》が出《で》て来《く》ると思《おも》わなかつたからなのか…
いつき……
なにか言《い》いようのない
不安《ふあん》にも似《に》た……不思議《ふしぎ》な気《き》持《も》ちに……

ドキ
ドキ
ドキ
ドキ
ドキ
ドキ
襲《おそ》われた……
ドキ
ドキ
あーー
ひょっとしてェ
もう
あたしのこと
忘《わす》れてるウ!?
え
ギクッ
なァーんつって
そんなコト
ないと思《おも》うケド
いつき……
おまえ……
なんのために
コレを……
ドキ
ドキ

えーと……
なにから
話《はな》そーかナ…
話《はな》すって…
ナニを!!
ドーン!
ビクッ
!!
!
ま
まさか!!

ジャーン!!
バーン
えっ?…
キシシシシ
おっ! ビデオ見《み》てる見《み》てる! 計算通《けいさんどお》りだわ!!
ビックリした? ビックリした??
なに考《かんが》えてんだよ おまえ…
なんで日本《ここ》に いるんだよ

エヘッ……
なんとなく…やっぱり日本《にほん》がいいなァーって
いっチャンのそばがいいなァーって
ふ・ふざけんなよ!!
勝手《かって》すぎるよ!
勝手《かって》にアメリカ行《い》くコト決《き》めて!
勝手《かって》に帰《かえ》って来《き》て!!
やっとおまえのコトふっきったのに!
やっと伊織《いおり》ちゃんのコトを素直《すなお》に好《す》きでいられるようになったのに!
イチタカ
イチタカ!

え!
もう……
いるなら返事《へんじ》
しなさいよ
チキッ
な・なに?
電話《でんわ》よ
ヨシヅキって
女《おんな》の子《こ》から
え?

えぇ？
今《いま》から学校《がっこう》に!?
うん……
よくわかんないけど
ナミがメチャメチャ
あわてて……
悪《わる》いけど
寺谷《てらたに》くんにも
連絡《れんらく》してくれる？
おう
…わかった
いつきの
ビデオ……
見《み》れなかった
……………
これは
見《み》るなって
コトなんだろー
か………
それにしても
なんのために
アレを……
………
まさか
ホントに
帰《かえ》ってくるとか
そーいう…
………
ヤメヤメ！
いつきのコトはもう
考《かんが》えない
んだろ!? やっと
暗闇《くらやみ》から
ぬけ出《で》れたん
だから……

はァ
はァ
はア
おーい
あ
来《き》た来《き》た

どうしたんだよ
ハァ
ハァ
テープがないのよ
テープが!!
今日《きょう》撮《と》った
テープが!!
教室《きょうしつ》で撮《と》った後《あと》
ロケハンするって
校内中回《こうないじゅうまわ》ったよなァ
どこで無《な》くしたか
憶《おぼ》えてねーのかァ!?
うん
つってもよォ ナミ
今日《きょう》のはNG《エヌジー》
ばっかなんだろ
なくったって
いいじゃん
ダメよ!
NG《エヌジー》とはいえあの
瀬戸《せと》と伊織《いおり》の
迫真《はくしん》の演技《えんぎ》
無《な》くせないわ!!
ゲッ
とにかく!
手《て》わけして
探《さが》して!!
ハイ
ハイ

じゃあ…… 体育館《たいいくかん》の方《ほう》 行《い》ってみようか……
うん
アレ?
いつの間《ま》にか 伊織《いおり》ちゃんと ペアに なってる……
でも…… いつきのビデオが なんか残《のこ》ってて…… ハジケきれない ……トホホ……
こんな気分《きぶん》の トキに ふたりっきり ってのはマズイ ……逆走《ぎゃくそう》 するパターンだ……
なんか…… やっぱりちょっと 中《なか》に入《はい》るの 怖《こわ》いね……
じゃあ やめよっか あんなのワザワザ 探《さが》すコトないよ 無《な》くなったほうが いいじゃん
え?
え?
え??

だ・だって……
誰《だれ》かに
見《み》られたら
ハズカシイじゃない…
だいじょーぶ
だって
あんなカッコウだもん
本気《ほんき》だと
思《おも》われないって
ーてゆーか…
あのカッコウが
ハズカシイって
コトなんだけど……
え?
ゲッ
あ… きっと
ここにはないよ
ホカ探《さが》そー
ホカ
ヤ…
ヤバかったか
今《いま》の……
瀬戸《せと》くん…
ギクッ
ホンキ
だったの?

チャ……チャンスじゃないのか？「そーだよ」って言《い》えばいいんだ……
ドキ
ドキ
ドキ
どうする……言《い》っちまうか「そーだよ」って言《い》っちまうか!!
だ・だいじょーぶ！行《い》ける!!
そ……
まったく問題《もんだい》ない！言《い》うんだ！「そーだよ」って!!
ドキ
ドキ
ドキ

そ……
ドッドッドッドッ
そーいえばよォ……
どは〜〜〜〜
根性《こんじょう》ナシめエ〜〜〜!!
ホラ立入禁止《たちいりきんし》の旧校舎《きゅうこうしゃ》あそこにユーレイ出《で》るってホントかなァ
そーやってチャンスを逃《のが》してると2度《ど》とチャンスが来《こ》ねーぞアホ!
しかも何《なん》の話《はなし》してんだ彼女《かのじょ》そーいうのニガテだって知《し》ってんだろ!
行《い》ってみるか
行《い》くかボケ!
行《い》ってみる?
え?

伊織《いおり》ちゃん……
あんなに
コワがりなのに
どーいうつもり
なんだろう……
コワイの
好《す》きになったの
かな？……
うわ〜〜
やだなア…
ホントに
出《で》そーだね…
ギギ
パキ
ピタッ
そっ
そーだね……
うわ……
背中《せなか》に
伊織《いおり》ちゃんの
ぬくもり…
パキッ
足《あし》もと
気《き》を
つけて
ス
ーって
なにも
離《はな》れるコト
ねーのに…
あっ
待《ま》って
メキッ
ん

ズガガガ
ドズッ!!
!!
きゃ!瀬戸《せと》くん!!
いてて……
だいじょーぶ!?
葦月《よしづき》!
あぶないから
そこから
離《はな》れたほうが
いい!
つかまって
スッ
!
あぶないから
よせ……
メキ
バキバキ
ズズーン
きゃあ!!

いつつ……
だ…だいじょーぶか？葦《よし》…
!
瀬戸《せと》くんがクッションになってくれたおかげで……
ゴメンね
どーいたしまして……
ガサ
ガサ…
手《て》……
つないで…
……いい？
え？あ……
ああ
ギュッ

伊織《いおり》ちゃん怖《こわ》いだろーなァ……オレがこんなトコ来《こ》ようなんて言《い》わなかったら……
ゴメンね……誰《だれ》かを呼《よ》びに行《い》ったほうがよかったね…
いや…んーそーだな…葦月《よしづき》までこんな目《め》にあうコトねーのに…
でも……助《たす》けたかったから……
え?
瀬戸《せと》くん…
ドキ
あたし……知《し》ってるんだ……
瀬戸《せと》くんが……
な…なにを?なにを知《し》ってるの!?
ドキドキ
ドキドキ

第《だい》61話《わ》 会《かい》話《わ》

幽霊《ゆうれい》が出《で》るとウワサの立入禁《たちいりきん》止《し》の旧校舎《きゅうこうしゃ》……
まさか地下《ちか》に部屋《へや》があるなんて……まさか床《ゆか》がぬけて落《お》ちるなんて……
まさか伊《い》織《おり》ちゃんが…
ゴメンね…誰《だれ》か呼《よ》びに行《い》ったほうがよかったね……
立入禁
ん――そーだな…葦月《よしづき》までこんな目《め》にあうコトねーのに…
ドジだよね…あたしまで落《お》ちちゃうなんて…
でも……
助《たす》けたかったから………

あたし……知《し》ってるんだ……
え？
瀬戸《せと》くんが……
ドキ
ドキ
ドキ
な・なにを知《し》ってるんだ？伊織《いおり》ちゃん
オレの何《なに》を……

ひょっとして
オレの気持《きも》ち
知《し》ってるって
コト？……
ドキ
ドキ
伊織《いおり》ちゃんの
コト
好《す》きっていう
……………
ドキ
ガタッ
ビクッ
ドキ
!

い・い 伊織《いおり》ちゃん ム・ムネ… ムネ……
ドクン
ドクン
ドクン
ドクン
ガタ
ガタ
ギュウ
!
ガタ
ガタ
ガタ
ガタ
ガタ
伊織《いおり》ちゃん……マジで怖《こわ》がってる…
こんな時《とき》に……オレ…………………

ミニ……スカートからのびた……伊織《いおり》……ちゃんの…白《しろ》いフトモ…モ…
あの…三角《かく》…形《けい》の…黒《くろ》い…影《かげ》の…おく…に…は…
ドックン
ドックン
!
奥《おく》には…
!
ーってオレはこんな時《とき》に!!
ギュ〜〜ッ
無防備《むぼうび》なのをいいコトにどこ見《み》てんだ!ナニ考《かんが》えてんだ!!
とは思《おも》っても…くそーー気《き》持《も》ちと体《からだ》がバラバラだアー!!
ドックン
ドックン
ドックン

ドキ ドキ ドキ
欲望《よくぼう》に走《はし》ってる場合《ばあい》じゃねーだろ！
さっきの伊織《いおり》ちゃんのナゾめいた言葉《ことば》の続《つづ》きはどーなった！
ドキ ドキ
ひょっとしたらオレの気持《きも》ちを知《し》ってるってコトなのかもしんねーんだゾ！
もしも……もしもそーだとしたらあの言《い》い方《かた》あの表情《ひょうじょう》それはまさに……
オレを好《す》きってコトじゃん!!
聞《き》きたい！この続《つづ》きを!!早《はや》く！早《はや》く!!
そ……

そんなにコワがりで……
よくココに来《く》る気《き》になったな
ぐあ〜〜〜!!
なに言《い》ってんだオレ──!!!
話《はなし》をずらしてどーすんだア!!
伊織《いおり》ちゃんにしたって勇気《ゆうき》を出《だ》してやっとあそこまで言《い》ったのかもしんねーのに
このまま話《はなし》がずれてったらうやむやにしちまう可能性《かのうせい》じゅーぶんだゾオ!!
どーするどーす……
去年《きょねん》の…さ夏《なつ》に……
ホラ……
ん？

あたしが怖《こわ》がりだったばっかりに……
瀬戸《せと》くんの話《はなし》聞《き》けなくて瀬戸《せと》くんのコト怒《おこ》らせちゃったでしょ……
オレが告白《こくはく》しようとした時《とき》のコトか……
あ——!
アレ……ちょっと気《き》になってて
……ダメだなそーいうんじゃって思《おも》って………
さっきココにさそわれた時《とき》…そのコト思《おも》い出《だ》して…
それで…ちょっとチャレンジしてみようかなって………
瀬戸《せと》くんもいっしょだし平気《へいき》だよって…
え

な・なんで
オレと
いっ いっしょだと
ヘーキ
なんだよ
だって……
ホラ…
……だから……
あたし
知《し》ってるんだよ
ドクン
話《はなし》が……
……戻《もど》つた
……………
越苗《こしなえ》クンから
聞《き》いた……
こ・越苗《こしなえ》!?
てコトは……
やっぱりオレが
伊織《いおり》ちゃんの
コトを!!
ドクン
ドクン

渋谷《しぶや》で……あたしがトラブった時《とき》助《たす》けてくれたんでしょ?
え?な・なんだそのコト?
あ…そーいえばあの時《とき》越苗《こしなえ》にだまってろって言《い》ったんだっけ…
なんだよそのコトかよ…ガッカリなようなホッとしたような…
ありがとね……
今《いま》さらお礼《れい》しても遅《おそ》いかもしんないけど……
でも なんで?
あたしには だまってろって言《い》ったんでしょ?

そんなの…
カッコよすぎる……
ゴ…
ゴメン…
も・もう
だいじょーぶ!
なんか…
コワイの
飛《と》んじゃった

アハッ
なに言《い》ってんのかな
あたし……
バカみたい
……なんか
気《き》にしないでね！
ドキ
ドキ
ドキ
伊織《いおり》ちゃん…
だから……
そうそう
だから！
なにが言《い》いたいかって
言《い》うと！ さっき
瀬戸《せと》くんが落《お》ちちゃった時《とき》
それもあって
今度《こんど》はあたしが
助《たす》けなきゃって
思《おも》っちゃったの！
でも…けっきょく
全部《ぜんぶ》カラ回《まわ》り……
ダメだよねェあたし……
ゴメンね……

ビクッ
キャッ

ドクン
ドクン
それってサ けつきょくサ そーいう コトじゃ… ないのか?
少《すく》なくても オレのコト キラってはいないって……
ドクン
ドクン
そしたら やつぱり あのキスは まぼろしじゃ なかつたって コトだし
あの時《とき》の「ありがとう」の 意味《いみ》だって… ………
そんなコト わかつちゃつたら オレ……
オレなんか ずつとキミのコト 好《す》きだつたし
ドクン
ドクン
ドクン
誰《だれ》もいない こんな暗《くら》がりで こんなふうに 抱《だ》きつかれたら…

ガマンなんかできないよ!!
伊《い》織《おり》ちゃんがほしい
伊《い》織《おり》ちゃんにキスしたい

女《おんな》の子《こ》ができるのに男《おとこ》のオレがいつまでもグジグジしてらんねエ!!
ドッ
ドッ
ドッ

オレだって
勇気《ゆうき》を
出《だ》して
キスを!!

第《だい》62話《わ》　オレを責《せ》める

ドキ
ドキ
ドキ
ドキ
ドキ
伊織《いおり》ちゃんの話《はなし》はたしかにオレに好意的《こういてき》だつたし
オレは伊織《いおり》ちゃんが好《す》きだし

だいじょーぶ なにも おかしくない メチャ自然《しぜん》な ながれだ
これが オレにとって ホントの…
意志《いし》と 証拠《しょうこ》の ハッキリある
ぶる ぶる
ホントの ファースト キス!!

いや待《ま》て!!
思《おも》い違《ちが》いかもしんねーゾ！もっとちゃんと伊織《いおり》ちゃんの気持《きも》ちを
確認《かくにん》してからのほうがよくないか？やめるなら今《いま》……
いつき……
ドクン

そうだ！
もし いつきの
あのビデオが
〝これから日本《にほん》に
帰《かえ》る〟って
内容《ないよう》だとしても
ドッドッドッ
ドッドッドッ
今《いま》ここで
キスしちゃったら
気持《きも》ちが
ゆれなくてすむ！
そのためにも!!
それにいつも
こんな時《とき》にオレは
あと一歩《ぽ》がふみ出《だ》せ
なくて後悔《こうかい》してた
じゃないか！
変《か》わるんだ!!
もうウダウダ
してる自分《じぶん》と
サヨナラだ!!!

え？

!
いたいたー!!
マジいたよ寺谷《てらたに》!
あんたすごいねー警察犬《けいさつけん》なみの鼻《はな》じゃん!
だろ?ふふん♪
ところでおまえらなんでこんなトコ来《き》てんだよ!
あやしー
あ・あやしくないわよ!
なぐられた

あんな状態《じょうたい》でどーするつもりだったの?
んーー
とりあえず朝《あさ》まで待《ま》とうかなって
瀬戸《せと》くんのは壊《こわ》れちゃったし あたしは無《な》くしちゃったし なにも見《み》えなかったから
ああ……
ライトがね
あっ そうそう
ところであったの?
テープ
ああ
あったあった 図書室《としょしつ》に
まあ とにかく
明日《あした》っから本番《ほんばん》だから気合《きあ》い入《い》れてこーね!
返事《へんじ》は!?
お〜〜〜

なぐられた
なぐられた

なにから
話《はな》そーかナ……
とりあえず
まー
いろいろ迷惑《めいわく》
かけてゴメンね
アメリカ《こっち》に
来《き》てから
冷静《れいせい》になって
考《かんが》えたんだけど
やっぱり
あたしは いっチャンに
会《あ》いに行《い》っちゃ
ダメだったんだよね
いっチャンにサ
子供《こども》だ子供《こども》だって
言《い》ってたけど
あたしのほうが
子供《こども》だったみたい
ずっと小学生《しょうがくせい》の
頃《ころ》のままだと
思《おも》い込《こ》んでたモン

あの頃《ころ》はね
ちょっといろいろあって
……
Hi! itsuki
What are you doing?
For your boy friend?
Are you going to Sexy Show?
……あー もう うるせーなー
Leave me alone!!
シッ シッ
Yeah, right!
Sure, Sure
え――と…… なんだった…
あっそーそー いろいろあったのよ
……親《おや》が決《き》めた ハイスクールに とりあえず 入《はい》ったんだけど
あたしはさ 造形《ぞうけい》がやりたかったから まーなんつーの
エリート女《おんな》にしたかった オヤジは「勘当《かんどう》だ！」 なんてコトに なったりしてさ

あーー
こんな話《はなし》しても
しょーがないか……
とにかくまー
そんなこんなで
いっチャンに
会《あ》いたくなって
日本《にほん》に行《い》ったワケ
まーーしかし
よく考《かんが》えたら
何年《なんねん》もたってる
ワケだし
いっチャンに好《す》きな人《ひと》が
いてもぜんぜん
変《へん》じゃないのにね
ただね
不思議《ふしぎ》なのは
そのコトはぜんぜん
つらくないって
ゆーかサ
伊織《いおり》さんと
幸《しあわ》せになって
ほしいんだよね
どー考《かんが》えても
そー思《おも》ってるんだよ
あたし……
なんかヘンでしょー

それってのはサあたしなりに考《かん》えたんだけど
なんかいっチャンとは兄妹《きょうだい》ってゆーか
身内《みうち》ってゆーかなんかそんなカンジなのよ
だからトーゼンいっチャンのコトは今《いま》でも好《す》きよ
でもその好《す》きってのはそーいうコトだから
あたしはもうそっちであったコトぜーんぜん気《き》にしてないし
むしろいい勉強《べんきょう》になったって思《おも》ってるくらいで

だからいっチャンもぜんぜん気《き》にしないでね
え？気《き》にしてない？とっくにわすれてた？
ゴメンゴメンだったらそれでOK《オッケー》よ！OK《オッケー》！OK《オッケー》！
いやーなんかさあんまりこーいうコトちゃんと話《はな》さずにこっち来《き》ちゃったからさ
ケツふき忘《わす》れたみたいでキモチ悪《わる》かったんだ
まーまた手紙《てがみ》なりこーいうのなり送《おく》るからサ
あたしはやっぱりこーゆう仕事《しごと》が好《す》きだし
オヤジとはまー またケンカ状態《じょうたい》だけど
すっごく毎日《まいにち》が充実《じゅうじつ》してんだァ！
後《あと》はね……

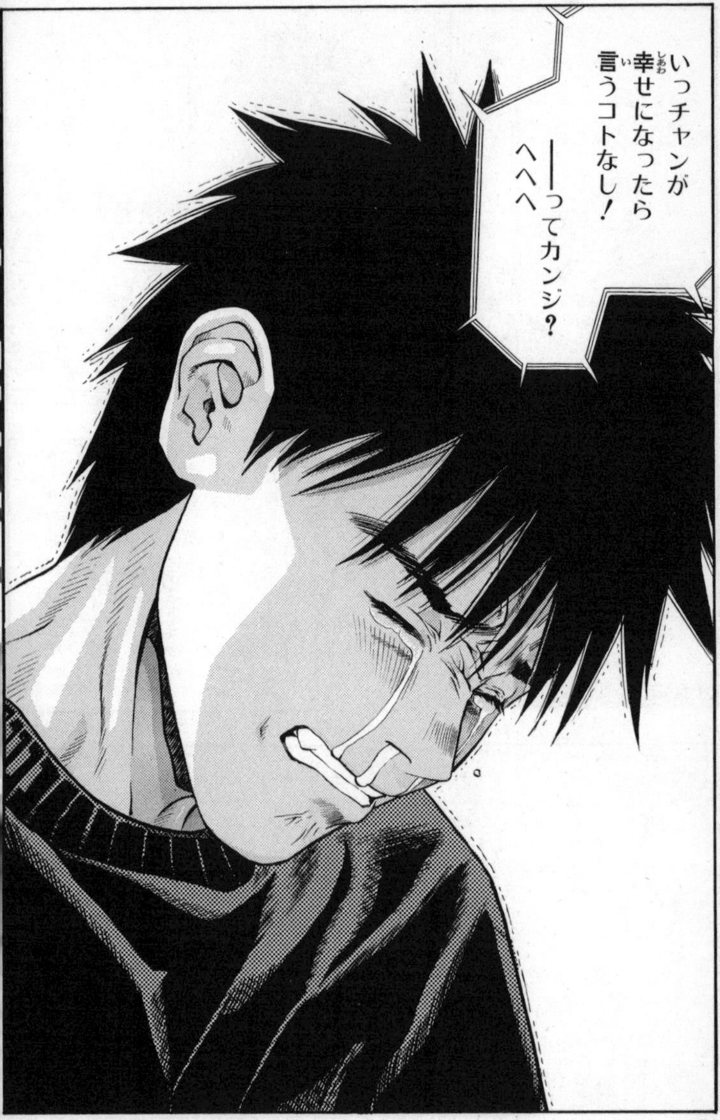
いっチャンが
幸《しあわ》せになったら
言《い》うコトなし！
——ってカンジ？
へへへ

そろそろ仕事《しごと》に戻《もど》んないと
ヤバイんで
このくらいにしとくわ
じゃっ まー
そーいうコトで元気《げんき》でね
ザーーッ
ザーーッ
今日《きょう》ほど……
自分《じぶん》がイヤになったコトはない……
どーしよーもねエ男《おとこ》だ
……オレは

いつきが戻《もど》って来《く》ると勝手《かって》に思《おも》い込《こ》み迷惑《めいわく》に思《おも》ったり
自分《じぶん》の欲望《よくぼう》だけでキスをせまったり
それがダメだったら今度《こんど》は自分《じぶん》をなぐさめようと
こうやっていつきのビデオを見《み》て……
サイテーだよ
オレはサイテーな男《おとこ》だ……

I"s

第《だい》63話《わ》 荒波《あらなみ》ふたたび

オレもじつは…
初《はじ》めてキミを見《み》た時《とき》から
ずっと好《す》きだったんだ
ウッソーホントにィ〜〜〜
まあ……
カーット！よし！OK《オッケー》!!
どんなにオレが落《お》ち込《こ》んでたって世《よ》の中《なか》はへーきで動《うご》いてくし……

それなりに周《まわ》りにあわせるコトくらいはできるけど…
スッ
こーやって伊織《いおり》ちゃんにさけられるとやっぱりくじけそーになる……
あの時《とき》以来《いらい》伊織《いおり》ちゃんと
え?
まったく会話《かいわ》をしていない……

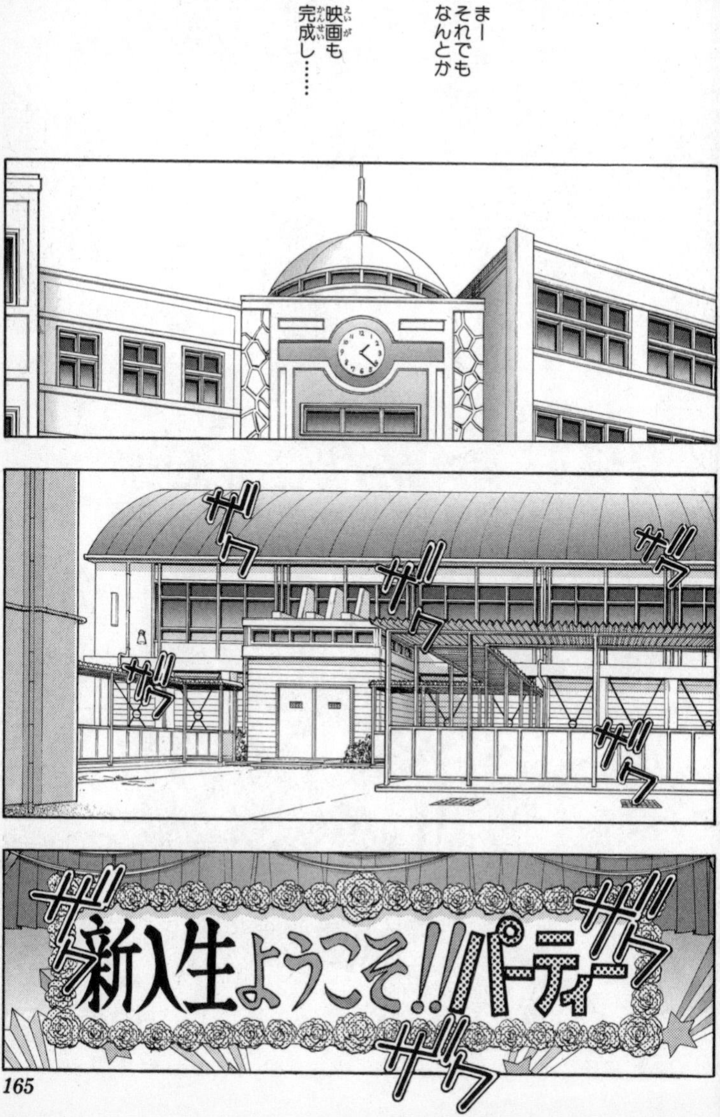
まーそれでもなんとか
映画《えいが》も完成《かんせい》し……
ザワ
ザワ
ザワ
ザワ
ザワ
ザワ
新入生ようこそ!!パーティー
ザワ
ザワ
ザワ

COME
ーティー

ザワ
ザワ
そーですか……
明日《あした》アメリカに…
ザワ
ザワ
ああ……
ザワ
ザワ
ザワ
ザワ
ザワ
ザワ
ザワ
ザワ
これが
目《め》に入《はい》らない
のか――!!
ティー

竹沢《たけざわ》さん！
いつきを……よろしくお願《ねが》いします！

わかりました
フッ
続《つづ》いては3年《ねん》C《シー》組《ぐみ》制作《せいさく》の映画《えいが》を上映《じょうえい》いたします
ザワ
ザワ
これでいつきのコトも整理《せいり》ついた……
ジャジャジャーン♪
湾田高の愛
題字 寺谷晴雅
オレみたいなアホにはまだ恋愛《れんあい》なんて手強《てごわ》すぎるんだ……
ザワ
ザワ
あたし瀬戸《せと》イチ子《こ》湾田高《わんだこう》の一年生《ねんせい》♪
ザワ
きもちわりィ
ゲラゲラゲラ
もうそんなコトで悩《なや》むのはやめよう……だいたいオレ3年生《ねんせい》だし
ザワ
ザワ

3年生《ねんせい》だし……
ゲラ
ゲラ
ゲラ

夏《なつ》……

ミーン
ミンミンミン
ミンミン
3-C
ミーン
ミンミンミン
夏期講習のお知らせ
7月27日(月) ～ 7月31日(金)
ミーン
ミンミンミン

――というワケだが……
ギリ…
瀬《せ》戸《と》!!
は・はい!!
ガタッ
わざわざ夏《か》期《き》講習《こうしゅう》に参《さん》加《か》して居《い》ねむりとはどーいうコトだ!!
いかんいかん!
勉強《べんきょう》勉強《べんきょう》勉強《べんきょう》ひとスジ!!

瀬戸《せと》くん また恋《こい》のコトで悩《なや》んでるんでしょ？
え？ な…なんでだよ
だって瀬戸《せと》くんが せっかくの夏休《なつやす》みに勉強《べんきょう》してるなんて雪《ゆき》がふるほどのコトだよ
おまえ…… 言《い》ってくれるね
当《あ》たってるけど
葦月《よしづき》さんとなんかあったの？
え？ いいんだよもォ ずいぶん前《まえ》のコトだから…
なんか・オレって女《おんな》の子《こ》の気《き》持《も》ちぜんぜんわかんねーから恋愛《れんあい》なんかもうトーブンやめんだ
それどころじゃないだろ？ 3年生《ねんせい》だし勉強《べんきょう》だよ勉強《べんきょう》！

ん〜〜 でもォ
異性《いせい》にかぎらず
他人《たにん》の考《かんが》えなんて
わかんないの
フツーじゃないかな
ボクなんて
親《おや》のコトだって
わからないもの…
表面《ひょうめん》に
出《で》て来《き》てるのが
その人《ひと》の
本当《ほんとう》の気持《きも》ちとは
かぎらないでしょ
ま…まあ
オレの逆走《ぎゃくそう》も
そーいうコト
だもんなァ…
いや………
でも!
そーいうんじゃ
ないんだよなァ
たとえばよ
むこうから
キスして来《き》たのに
こっちからキスしよーと
したら
なぐるってのはよ
どーなの?
それって
キスされたと
思《おも》うのはカン違《ちが》いで
相手《あいて》には
まったくその気《き》は
ないってコトじゃ
ないのかなァ

わあ……瀬戸《せと》くん見直《みなお》したァ
キスせまったんだァ……
ポッ
ア・ア・アアホ!!
たとえばって言《い》ってんだろ!
フフフ……瀬戸《せと》くん女《おんな》の子《こ》だって同《おな》じだよ
え?
たとえば女《おんな》の子《こ》がなにかのひょーしに男《おとこ》の子《こ》にキスしちゃったとしても
男《おとこ》の子《こ》の気持《きも》ちはやっぱりわからないワケで
今度《こんど》は男《おとこ》の子《こ》からキスせまられたら急《きゅう》に不安《ふあん》になったりしてサ
「あたしのコト好《す》きだからするの?」「それとも欲望《よくぼう》だけ?」って
そーだとしたらその男《おとこ》の子《こ》としては別《べつ》に落《お》ち込《こ》むことないんじゃない?

諸君《しょくん》!! こんなトコロで 勉強《べんきょう》していても 能率《のうりつ》上《あ》がらんぞォ!!
うわっ
あの伊豆《いず》で 有名《ゆうめい》な高級民宿《こうきゅうみんしゅく》 〝荒波《あらなみ》〟では この夏《なつ》 東大生《とうだいせい》を 講師《こうし》にむかえ 大強化合宿《だいきょうかがっしゅく》を行《おこな》う
あした 朝《あさ》10時《じ》! 東京駅《とうきょうえき》 集合《しゅうごう》!!
アホか 話《はなし》が急《きゅう》すぎる 行《い》かん! 行《い》かん!
なにが有名《ゆうめい》だ おめーの おじさんの 民宿《みんしゅく》じゃ ねーか
楽《たの》しそーじゃない 行《い》こーよ
コイツが計画《けいかく》 してんだゾ 勉強《べんきょう》なんか すると思《おも》う?

葦月《よしづき》も参加《さんか》するんだぜ
でわ！待《ま》っているゾ!!
瀬戸《せと》くん葦月《よしづき》さんもだって
だったらなおさら行《い》かん!!
オレはマジメに勉強《べんきょう》するんだ!!

次《つぎ》の日《ひ》

で……あるからしてェ
ここがァ……
世界史B フランス絶対王政と重商主義
越苗《こしなえ》のヤツ来《き》てないってコトは
あっちに行《い》ったのかァ
そーだとしたらその男《おとこ》の子《こ》は別《べっ》に落《お》ち込《こ》むことないんじゃない?
ボキッ
行《い》かんゾーオレはぜったい行《い》かん!!マジメに勉強《べんきょう》するんだ!!
ガリ
ガリ
ガリ
ガリ
ガリ

次《つぎ》の日《ひ》

ジー
ジッジッ
ジ〜〜
ジー
ジッジッ
ジ〜〜
くそ〜〜〜

なんとでも
言《い》え!!
ジー
ジッ
ジッ
ジリ
ジリ
ジー
民宿 荒波
どーせ
オレの意志《いし》は
コンニャクさ!!

I"s《アイズ》 CLUB《クラブ》 6

◎いがいと人気《にんき》がある越苗《こしなえ》。そのうち特集《とくしゅう》でもしますか。（桂《かつら》）

広島県呉市
松本秀架サン（18歳）

◎というわけで2連発《れんぱつ》！（桂《かつら》）

千葉県佐倉市
甲斐サン（13歳）

◎ワタシも学習中《がくしゅうちゅう》です。（桂《かつら》）

愛知県安城市
まるおサン（18歳）

◎レアです。アナタ。一貴《いちたか》ファンなんて。応援《おうえん》して下《くだ》さい。（桂《かつら》）

茨城県下妻市
Y・Nサン（11歳）

新潟県北魚沼郡
綾小路夢麿クン(16歳)

◎森崎《もりさき》さんのファンもけっこういます。超《ちょう》ワキ役《やく》なのに、ナゼ?（桂《かつら》）

大阪府守口市
天草輪廻サン

◎ほら、ここでも森崎《もりさき》の名前《なまえ》が……。ん〰〰〰。（桂《かつら》）

神奈川県横須賀市
岡崎 愛サン(14歳)

◎遅《おそ》くないです。コミックスはこれから夏《なつ》ですから。（桂《かつら》）

兵庫県神戸市
利根メグミサン(16歳)

◎い、いつきさん……。元気《げんき》にしてるんでしょーか……。（桂《かつら》）

「I"s CLUB《アイズクラブ》」へのおたより大募集《だいぼしゅう》。採用《さいよう》された方《かた》にはコミックスをプレゼント!!

[あて先《さき》]〒101-8050東京都千代田区一ッ橋2-5-10 集英社 週刊少年ジャンプ編集部
「I"s」 CLUB係

(おたよりには住所《じゅうしょ》・氏名《しめい》・年齢《ねんれい》・電話番号《でんわばんごう》も忘《わす》れずに)

I’s《アイズ》
とびら絵《え》コレクション

■ジャンプ・コミックス

I"S 〈アイズ〉

7 スパンク

1998年10月7日　第1刷発行

著者　桂　正和

編集　ホーム社
東京都千代田区一ツ橋2丁目5番10号
〒101-8050
電話 東京 03 (5211) 2651

発行人　山下秀樹

発行所　株式会社 集英社
東京都千代田区一ツ橋2丁目5番10号
〒101-8050
03 (3230) 6233 (編集)
電話 東京 03 (3230) 6191 (販売)
03 (3230) 6076 (制作)

Printed in Japan

印刷所　図書印刷株式会社

ISBN4-08-872617-0 C9979

L-side
〈LOVERS-side〉《ラバーズ・サイド》
『I”s〈アイズ〉』、『電影少女《ビデオガール》』
『エム』のカラーイラストを収録《しゅうろく》!!
オールカラーコミック
『小さな灯《あか》り』を完全掲載《かんぜんけいさい》!!
創作《そうさく》の秘密《ひみつ》に迫《せま》る“桂正和《かつらまさかず》インタビュー”、
先生《せんせい》の友人作家《ゆうじんさっか》による
イラスト［鳥山明《とりやまあきら》・雨宮慶太《あめみやけいた》・岡崎武士《おかざきたけし》・
篠原保《しのはらたもつ》・ヒロモト森一《しんいち》・寺田克也《てらだかつや》］
立体《フィギュア》［韮沢靖《にらさわやすし》・竹谷隆之《たけやたかゆき》・五十嵐紀生《いがらしのりお》・西村直起《にしむらなおき》
智恵理《ちえり》・もてきほまれ・大西孝治《おおにしこうじ》・戸部仁人《とべひとし》］
メッセージも収録《しゅうろく》!
A4判《ばん》 3冊組《さつぐみ》クリアケース入《い》り 好評発売中《こうひょうはつばいちゅう》!!

桂《かつら》正《まさ》和《かず》イラスト集《しゅう》

Katsura Masakazu
illustrations

4C

SHADOW LADY

V《ブイ》ジャンプで連載《れんさい》されていた
幻《まぼろし》の『SHADOW LADY《シャドウ レディ》』!
この"4C《よんシー》"なら
まとめて読《よ》める!!

〈HEROES-side《ヒーローズ・サイド》〉

R-side

『ウイングマン』、『D·N·A^2《デイー エヌ エー》』
WJ版《週刊ジャンプばん》『SHADOW LADY《シャドウ レディ》』
『ZETMAN《ゼットマン》』などの
カラーイラストを収録《しゅうろく》!!